NICO STANITZOK

ZART & SAFTIG BEI 80°

FOTOGRAFIE: KLAUS ARRAS, AUEN60 PHOTOGRAPHY

INHALT

Öffnen Sie die Klappen dieses Buches.
Dort finden Sie die wichtigsten Infos zum Thema auf einen Blick!

DAS PRINZIP:
GAREN BEI 80 °

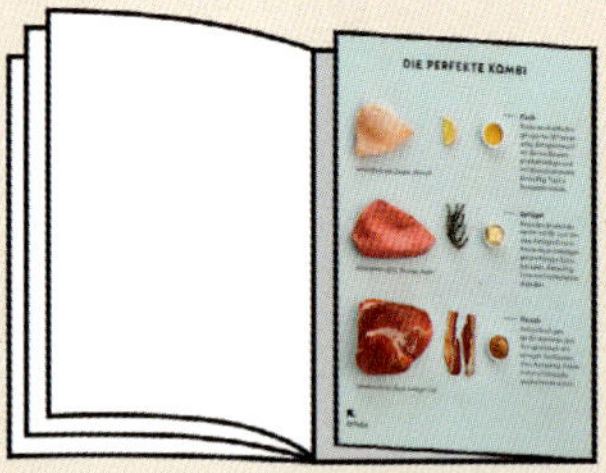

DIE PERFEKTE
KOMBI

Immer griffbereit:

SO GEHT'S:
VORBEREITEN

Immer griffbereit:

SO GEHT'S:
SAUCE KOCHEN

GU-CLOU

Wussten Sie schon, dass...?
Entdecken Sie bei einigen ausgewählten Rezepten ganz besondere Tipps mit verblüffendem Insiderwissen.
Aha-Momente garantiert!

Die Backzeiten können je nach Herd variieren. Unsere Temperaturangaben beziehen sich auf das Backen im Elektroherd mit Ober- und Unterhitze.

Sammeln Ihrer Lieblingsrezepte mit der »GU Kochen Plus«-App (siehe S. 64)

REZEPTKAPITEL

NICO STANITZOK

Der klassisch ausgebildete Koch liebt Fleisch und kocht am liebsten ganz entspannt. Mit der Niedrigtemperaturmethode kann er beides gleichzeitig tun. So gelingen Fleisch, Geflügel, Wild oder Fisch immer – und immer ohne Stress. Das Wichtigste zu dieser sanften Garmethode hat er in wenigen Sätzen erklärt:

Was gefällt mir am 80°-Garen?

Meiner Meinung nach ist das die ideale Methode, um die Zubereitung von Hauptgericht und Beilagen zeitlich perfekt zu koordinieren. Während Fleisch, Geflügel oder Fisch langsam im Ofen garen, bleibt mir nämlich genügend Zeit, um alles andere vorzubereiten – von den Beilagen bis zum Tischdecken.

Was ist das Wichtigste?

Das Gelingen dieser Garmethode steht und fällt mit der richtigen Kerntemperatur. Deshalb benötigen Sie auch das Fleischthermometer. In Fleisch oder Fisch eingesteckt zeigt es an, wann die gewünschte Kerntemperatur im Inneren des Garguts erreicht ist. Sie allein ist ausschlaggebend für perfekt gegartes Fleisch oder Fisch – die angegebene Zubereitungszeit ist eigentlich nur ein Richtwert.

Was tun, wenn ich später servieren muss?

Ein Alptraum: Der Braten ist fertig, aber die Beilagen sind es noch nicht oder die Gäste kommen etwas später. Beim 80°-Garen sind solche Überraschungen überhaupt kein Problem! In einem solchen Fall senke ich einfach die Backofentemperatur auf 60° und schon verschaffe ich mir 1 Stunde Luft. Klingt das nicht nach totaler Entspannung beim Kochen?

ZITRONENLACHS MIT 5 ZUTATEN

1 EL weiche Butter auf den Boden einer ofenfesten Form streichen. Backofen samt Form auf 80° (Ober- und Unterhitze) vorheizen.

Abgeriebene Schale von 1 Bio-Zitrone ...

... mit 1 EL Olivenöl verrühren.

4 Lachsfilets mit Haut (à 180 g) waschen, trocken tupfen und auf der Haut in die Form legen. Die Oberseite mit dem Zitronenöl bestreichen.

Salz und Pfeffer auf den Fisch streuen.

Die Filets im Ofen (Mitte) ca. 40 Min. bis zu einer Kerntemperatur von 60° garen. Dazu gibt's Lauchgemüse und Salzkartoffeln. Reicht für 4 Personen.

SCHWEIN, RIND & KALB

Für 4 Personen • 35 Min. Zubereitung • 2 Std. 30 Min. NT-Garen • Kerntemperatur: 65° •
Pro Portion ca. 710 kcal, 42 g E, 48 g F, 28 g KH

SCHWEINESCHULTER IN SENFWÜRZE

SCHARF

FÜR DAS FLEISCH

½ Bio-Zitrone
2 Knoblauchzehen
1 rote Chilischote
160 g mittelscharfer Senf
4 EL Honig
1 TL Currypulver
800 g Schweineschulter ohne Schwarte
Salz, Pfeffer
2 EL Rapsöl

FÜR DAS GEMÜSE

1 kleiner Chinakohl
2 EL Butter
Salz, Pfeffer

DAZU PASST
Für die Polenta je 400 ml Wasser und Milch aufkochen. Mit 1 TL Salz, je 2 Prisen Pfeffer und geriebener Muskatnuss würzen. 120 g feinen Maisgrieß einrühren und ca. 5 Min. unter Rühren köcheln lassen. Vom Herd nehmen und abgedeckt ca. 10 Min. quellen lassen.

FLEISCH: Den Backofen samt ofenfester Form auf 80° (Ober- und Unterhitze) vorheizen. Die Zitrone heiß waschen, abtrocknen und die Schale fein abreiben. Den Knoblauch schälen und durchpressen. Die Chili halbieren, entkernen, die Hälften waschen und fein würfeln. Zitronenschale, Knoblauch, Chili, Senf, Honig und Currypulver zu einer Paste verrühren. Das Fleisch mit den Fingern rundherum damit bestreichen und kräftig mit Salz und Pfeffer würzen.

Das Öl in einer Pfanne erhitzen und das Fleisch darin bei mittlerer Hitze in 6–7 Min. rundum anbraten. Die Schweineschulter dann in die vorgewärmte Form legen und im Ofen (Mitte) ca. 2 Std. 30 Min. bis zu einer Kerntemperatur von 65° garen. Die Pfanne nicht reinigen.

GEMÜSE: Den Chinakohl vierteln und den Strunk herausschneiden. Die Blätter quer in feine Streifen schneiden, waschen und in einem Sieb abtropfen lassen. Die Butter im Bratensatz in der Pfanne erhitzen und die Kohlstreifen darin bei schwacher Hitze ca. 15 Min. garen. Dabei gelegentlich umrühren. Mit Salz und Pfeffer abschmecken.

FERTIGSTELLEN: Das Fleisch aus dem Ofen nehmen, in Scheiben schneiden und auf vier vorgewärmten Tellern anrichten. Mit dem Chinakohl und Polenta servieren.

Für 4 Personen • 35 Min. Zubereitung • 2 Std. 30 Min. NT-Garen • Kerntemperatur: 65° •
Pro Portion ca. 515 kcal, 72 g E, 18 g F, 11 g KH

SCHWEIN MIT PFLAUMENSAUCE

EINFACH

1 kg Schweinebraten (Rücken)
Salz, Pfeffer
2 EL Rapsöl
200 g Pflaumen (ersatzweise Soft-Pflaumen)
1 Stück Ingwer (3 cm lang)
2 Knoblauchzehen
200 ml Weißwein
4 EL Sherry
4 EL Sojasauce
2 TL Waldhonig
3 Stängel Zitronenmelisse

1 Den Backofen samt ofenfester Form auf 80° (Ober- und Unterhitze) vorheizen. Das Fleisch mit Salz und Pfeffer würzen. Das Öl in einer Pfanne erhitzen und das Fleisch darin bei mittlerer Hitze in ca. 10 Min. rundum kräftig braun anbraten. Dann in die vorgewärmte Form legen und im Ofen (Mitte) ca. 2 Std. 30 Min. bis zu einer Kerntemperatur von 65° garen.

2 Die Pflaumen waschen, entsteinen und vierteln. Ingwer schälen und fein reiben, Knoblauch schälen und durchpressen. Pflaumen, Wein und 200 ml Wasser in einem Topf aufkochen. Ingwer, Knoblauch und Sherry zugeben und bei starker Hitze ca. 8 Min. einkochen lassen. Sojasauce und Honig einrühren. Zitronenmelisse waschen, trocken schütteln, die Blätter abzupfen und in die Sauce rühren.

3 Das Fleisch aus dem Ofen nehmen, in Scheiben schneiden und mit der Sauce servieren. Dazu passt Reis.

Für 4 Personen • 30 Min. Zubereitung • 30 Min. NT-Garen • 15 Min. Grillen • Kerntemperatur: 65° • Pro Portion ca. 525 kcal, 48 g E, 21 g F, 24 g KH

KOTELETTS MIT KARTOFFELKRUSTE

GÜNSTIG

400 g vorwiegend festkochende Kartoffeln
Salz
4 Schweinekoteletts (à 200 g)
Pfeffer
2 EL Rapsöl
140 g Kräuterquark
3 EL Mehl
2 Eigelb (M)
frisch geriebene Muskatnuss

1 Kartoffeln schälen, waschen, grob reiben und salzen. In einem Sieb beiseitestellen. Backofen samt ofenfester Form auf 80° (Ober- und Unterhitze) vorheizen. Koteletts mit Salz und Pfeffer würzen. Das Öl in einer Pfanne erhitzen und die Koteletts darin bei starker Hitze in ca. 1 Min. pro Seite hellbraun anbraten. In der Form im Ofen (Mitte) ca. 30 Min. bis zu einer Kerntemperatur von 50° garen.

2 Die Kartoffeln ausdrücken und mit Kräuterquark, Mehl und Eigelben vermischen. Mit Salz, Pfeffer und 1 Prise Muskatnuss würzen.

3 Die Koteletts aus dem Ofen nehmen und den Ofen auf 220° mit Grill schalten. Die Kartoffelmasse gleichmäßig auf den Koteletts verteilen. Auf das Ofengitter legen (Fettpfanne darunterschieben) und im Ofen (Mitte) ca. 15 Min. weitergaren, bis eine Kerntemperatur von 65° erreicht und die Kruste goldbraun ist. Die Koteletts auf vier vorgewärmten Tellern servieren. Dazu passt Möhrengemüse.

GU-
CLOU

Das feine Feierabendgericht lässt sich prima schon am Vorabend vorbereiten: Das Filet schlummert dann in der Marinade, und die Kartoffelwürfel warten in Wasser auf die Zubereitung. Der Vorteil: Durch das Wasserbad wird Stärke ausgeschwemmt und die Kartoffeln braten besonders knusprig.

Für 4 Personen • 25 Min. Zubereitung • 10 Min. Marinieren • 50 Min. NT-Garen • Kerntemperatur: 65° • Pro Portion ca. 510 kcal, 50 g E, 15 g F, 44 g KH

SCHWEINEFILET MIT ANANAS

GUT VORZUBEREITEN

FÜR DAS FLEISCH
3 Knoblauchzehen
½ TL schwarze Pfefferkörner
4 EL Austernsauce (Asia-Laden)
800 g Schweinefilet am Stück
2 EL Rapsöl

FÜR DIE KARTOFFELN
8 große vorwiegend festkochende Kartoffeln
2 EL Rapsöl
Salz

FÜR DAS ANANASRAGOUT
200 g Ananasstücke (Dose)
2 rote Paprika
1 EL Rapsöl
2 EL Austernsauce (Asia-Laden)
4 TL Speisestärke
250 ml Rinderfond (Glas)

FLEISCH: Knoblauch schälen, hacken und mit dem Pfeffer im Mörser zerstoßen. Mit der Austernsauce verrühren. Das Filet mit der Marinade bestreichen und ca. 10 Min. marinieren.

Den Backofen samt ofenfester Form auf 80° (Ober- und Unterhitze) vorheizen. Das Öl in einer Pfanne erhitzen und das Filet darin in 6–7 Min. rundum anbraten. Dann in der vorgewärmten Form im Ofen (Mitte) ca. 50 Min. bis zu einer Kerntemperatur von 65° garen. Die Pfanne nicht reinigen.

KARTOFFELN: Die Kartoffeln schälen, waschen und in 1 cm große Würfel schneiden. Das Öl in einer beschichteten Pfanne erhitzen und die Würfel darin in 10–12 Min. goldbraun braten. Dabei gelegentlich wenden, salzen.

ANANASRAGOUT: Inzwischen die Ananas in ein Sieb abgießen und abtropfen lassen. Die Paprika vierteln, entkernen und waschen. Die Viertel längs in knapp 1 cm breite Streifen schneiden. Das Öl im Bratensatz in der Pfanne erhitzen und die Paprika darin ca. 1 Min. anbraten. Die Ananas einrühren, die Hitze reduzieren und das Gemüse mit Austernsauce ablöschen. Stärke und Fond verquirlen, dazugießen und alles bei mittlerer Hitze unter Rühren aufkochen lassen.

FERTIGSTELLEN: Das Filet aus dem Ofen nehmen und in Scheiben schneiden. Mit dem Ananasragout und den Würfelkartoffeln auf vier vorgewärmten Tellern servieren.

Für 4 Personen • 30 Min. Zubereitung • 40 Min. NT-Garen • 10 Min. Grillen • Kerntemperatur: 65° • Pro Portion ca. 640 kcal, 48 g E, 41 g F, 20 g KH

TOMATEN-KRÄUTER-MEDAILLONS

AUS FRANKREICH

FÜR DAS FLEISCH

½ Bio-Zitrone
2 Scheiben Weißbrot
4 EL getrocknete Tomaten
2 Knoblauchzehen
100 g weiche Butter
1 TL getrocknete Kräuter der Provence
2 EL Semmelbrösel
Salz, Pfeffer
800 g Schweinefilet am Stück
3 EL Butterschmalz

FÜR DAS GEMÜSE

400 g Zuckerschoten
1 EL Butterschmalz
Salz

FLEISCH: Die Zitrone heiß abwaschen, abtrocknen und die Schale fein abreiben. Das Brot in kleine Würfel schneiden, die Tomaten fein hacken. Den Knoblauch schälen und durchpressen. Butter, Zitronenschale, Brotwürfel, Tomaten, Knoblauch, Kräuter, Semmelbrösel und je 1 Prise Salz und Pfeffer in einer Schüssel vermischen.

Den Backofen samt ofenfester Form auf 80° (Ober- und Unterhitze) vorheizen. Das Filet quer in 12 gleich große Stücke schneiden. Diese auf die Schnittfläche stellen, etwas flach drücken und mit Salz und Pfeffer würzen. Das Butterschmalz in einer Pfanne erhitzen und die Medaillons darin in zwei Portionen bei starker Hitze in ca. 1 Min. pro Seite goldbraun anbraten. In die vorgewärmte Form legen und im Ofen (Mitte) ca. 40 Min. bis zu einer Kerntemperatur von 60° garen.

GEMÜSE: Die Zuckerschoten putzen und waschen. Mit Butterschmalz, 3 EL Wasser und 2 Prisen Salz in einen Topf geben und zugedeckt bei mittlerer Hitze 8–10 Min. garen.

FERTIGSTELLEN: Die Medaillons aus dem Ofen nehmen und den Ofen auf 220° mit Grill schalten. Die Brotmasse auf den Medaillons verteilen. Die Medaillons auf das Ofengitter legen (Fettpfanne darunterschieben) und im Ofen (oben) ca. 10 Min. weitergaren, bis eine Kerntemperatur von 65° erreicht und die Kruste knusprig goldbraun ist. Mit den Zuckerschoten auf vier vorgewärmten Tellern servieren.

Für 4 Personen • 30 Min. Zubereitung • 40 Min. NT-Garen • Kerntemperatur: 56° •
Pro Portion ca. 445 kcal, 41 g E, 24 g F, 4 g KH

RINDERFILET MIT WHISKYSAUCE

FÜR GÄSTE

4 Rinderfiletsteaks (à 180 g)
Salz, Pfeffer
2 EL Rapsöl
80 ml Whisky
400 ml Rinderfond (Glas)
1 TL Kaffeebohnen
1 TL Szechuan-Pfeffer (ersatzweise 2 TL grüner Pfeffer in Lake)
2 TL Speisestärke
150 g Sahne

1 Den Backofen samt ofenfester Form auf 80° (Ober- und Unterhitze) vorheizen. Die Steaks mit Salz und Pfeffer würzen. Das Öl in einer Pfanne erhitzen und die Steaks darin bei starker Hitze in ca. 2 Min. pro Seite kräftig braun anbraten. In die vorgewärmte Form legen und im Ofen (Mitte) ca. 40 Min. bis zu einer Kerntemperatur von 56° garen. Die Pfanne nicht reinigen.

2 Whisky in der Pfanne aufkochen und dabei den Bratensatz mit einem Schneebesen vom Boden lösen. Dann 1–2 Min. weiterkochen lassen, bis der Whisky fast verkocht ist. Fond, Kaffeebohnen und Szechuan-Pfeffer zugeben und 5–6 Min. kochen lassen. Stärke mit wenig kaltem Wasser verquirlen und mit dem Schneebesen zügig in die Sauce rühren. Aufkochen und bei mittlerer Hitze ca. 1 Min. kochen lassen. Sahne einrühren und bei schwacher Hitze 2–3 Min. erwärmen, mit Salz abschmecken. Die Steaks mit der Sauce auf vorgewärmten Tellern anrichten. Dazu passen Bandnudeln.

Für 4 Personen • 30 Min. Zubereitung • 30 Min. NT-Garen • Kerntemperatur: 60° • Pro Portion ca. 590 kcal, 40 g E, 39 g F, 16 g KH

KALBSSTEAKS MIT PFIFFERLINGEN

HERBST-REZEPT

4 Kalbshüftsteaks (à 180 g)
Salz, Pfeffer
3 EL Butter
2 Schalotten
300 g Pfifferlinge
400 g Hokkaido-Kürbis
80 ml Weißwein
300 ml Kalbsfond (Glas)
250 g Sahne
1 TL edelsüßes Paprikapulver
frisch geriebene Muskatnuss

1 Den Backofen samt ofenfester Form auf 80° (Ober- und Unterhitze) vorheizen. Die Steaks mit Salz und Pfeffer würzen. In einer Pfanne 2 EL Butter erhitzen und die Steaks darin bei mittlerer Hitze in ca. 1 Min. pro Seite hellbraun anbraten. In die vorgewärmte Form legen und im Ofen (Mitte) ca. 30 Min. bis zu einer Kerntemperatur von 60° garen. Die Pfanne nicht reinigen.

2 Schalotten schälen und fein würfeln. Pfifferlinge putzen und trocken abreiben. Kürbis waschen und mit Schale in 1 cm große Würfel schneiden. Die restliche Butter im Bratensatz in der Pfanne erhitzen und die Schalotten darin bei mittlerer Hitze ca. 2 Min. anbraten. Pilze und Kürbis ca. 2 Min. mitbraten. Mit Wein und Fond ablöschen und bei starker Hitze in 3–4 Min. auf die Hälfte einkochen lassen. Sahne zugießen, aufkochen und 1–2 Min. köcheln lassen. Das Gemüse mit Paprikapulver, 1 Prise Muskatnuss, Salz und Pfeffer abschmecken und mit den Steaks servieren. Dazu passen gebratene Schupfnudeln.

Für 4 Personen • 1 Std. Zubereitung • 3 Std. 30 Min. NT-Garen • Kerntemperatur: 58° • Pro Portion ca. 930 kcal, 43 g E, 63 g F, 48 g KH

HOCHRIPPE MIT VINAIGRETTE

FÜR GÄSTE

FÜR DAS FLEISCH

1,2 kg Hochrippe vom Rind mit Knochen
Salz, Pfeffer
3 EL Rapsöl

FÜR VINAIGRETTE UND FRITTEN

1 Knoblauchzehe
2 Zweige Rosmarin
6 Stängel glatte Petersilie
150 ml Rinderfond (Glas)
2 TL mittelscharfer Senf
3 EL Weißweinessig
1 EL Zucker
Salz
460 ml Rapsöl
1,5 kg vorwiegend festkochende Kartoffeln

GUT ZU WISSEN

Beim Einstecken des Thermometers darf der Temperaturfühler nicht den Knochen berühren. Hier wird die Wärme besser geleitet und die Temperatur ist höher als im Fleisch.

FLEISCH: Backofen samt ofenfester Form auf 80° (Ober- und Unterhitze) vorheizen. Das Fleisch mit Salz und Pfeffer würzen. Das Öl in einer Pfanne erhitzen und das Fleisch darin bei mittlerer Hitze in ca. 8 Min. rundum kräftig braun anbraten. Dann in der vorgewärmten Form im Ofen (Mitte) ca. 3 Std. 30 Min. bis zu einer Kerntemperatur von 58° garen.

VINAIGRETTE: Den Knoblauch schälen und durchpressen. Rosmarin und Petersilie waschen und trocken schütteln. Nadeln und Blätter abzupfen und fein hacken. Mit Knoblauch, Fond, Senf, Essig, Zucker und 1 TL Salz verrühren. Mit einem Schneebesen 60 ml Öl einrühren und beiseitestellen.

FRITTEN: Die Kartoffeln schälen, waschen und längs in ca. 2 cm dicke Stifte schneiden. In einem großen Topf reichlich Wasser aufkochen und die Kartoffelstifte darin ca. 8 Min. vorgaren. Herausnehmen und in kaltem Wasser abkühlen lassen. Danach abgießen, abtropfen lassen und sehr gut abtrocknen. Das übrige Öl in einer beschichteten Pfanne erhitzen. Die Kartoffeln darin bei mittlerer Hitze in 3–4 Portionen in ca. 8 Min. rundum goldbraun braten. Mit Salz würzen.

FERTIGSTELLEN: Das Fleisch aus dem Ofen nehmen, in dünnen Scheiben vom Knochen schneiden und auf vier vorgewärmten Tellern anrichten. Mit der Kräutervinaigrette und den Fritten servieren. Dazu passt gemischter Blattsalat.

Für 4 Personen • 35 Min. Zubereitung • 2 Std. 20 Min. NT-Garen • Kerntemperatur: 60° •
Pro Portion ca. 380 kcal, 43 g E, 15 g F, 8 g KH

KALB IN PORTWEIN-KIRSCH-SAUCE

WINTER-REZEPT

800 g Kalbsbraten (Nuss)
Salz, Pfeffer
3 EL Butterschmalz
150 ml Portwein
3 EL Aceto balsamico
1 TL Speisestärke
150 ml Kalbsfond (Glas)
½ TL gemahlener Kardamom
50 g TK-Sauerkirschen

1 Den Backofen samt ofenfester Form auf 80° (Ober- und Unterhitze) vorheizen. Das Fleisch mit Salz und Pfeffer würzen. In einer Pfanne 2 EL Butterschmalz erhitzen und das Fleisch darin bei mittlerer Hitze in ca. 8 Min. rundum goldbraun anbraten. In der vorgewärmten Form im Ofen (Mitte) ca. 2 Std. 20 Min. bis zu einer Kerntemperatur von 60° garen. Die Pfanne nicht reinigen.

2 Portwein und Essig in der Pfanne aufkochen, dabei den Bratensatz mit einem Schneebesen lösen. Ca. 3 Min. sprudelnd einkochen lassen. Stärke und Fond verquirlen, mit dem Kardamom zur Sauce geben und unter Rühren aufkochen. Die Sauce bei mittlerer Hitze unter Rühren ca. 2 Min. weiterkochen lassen. Die Kirschen einrühren.

3 Das Fleisch aus dem Ofen nehmen und quer zur Faser in Scheiben schneiden. Mit der Sauce auf vier vorgewärmten Tellern anrichten. Dazu passen Spätzle und gebratene Champignons.

Für 4 Personen • 40 Min. Zubereitung • 2 Std. NT-Garen • Kerntemperatur: 55° •
Pro Portion ca. 745 kcal, 47 g E, 57 g F, 12 g KH

ROASTBEEF MIT ZWIEBELBUTTER

EINFACH

800 g Roastbeef
Salz, Pfeffer
2 EL Butterschmalz
2 Knoblauchzehen
1 Zweig Rosmarin
150 g weiche Butter
4 EL Röstzwiebeln (Fertigprodukt)
2 TL mittelscharfer Senf
1 TL edelsüßes Paprikapulver
1 TL Honig

1 Backofen samt ofenfester Form auf 80° (Ober- und Unterhitze) vorheizen. Das Fleisch von Häuten und Sehnen befreien und kräftig mit Salz und Pfeffer würzen. Butterschmalz in einer großen Pfanne erhitzen und das Fleisch darin bei mittlerer Hitze in ca. 10 Min. rundum kräftig braun anbraten. Das Fleisch dann in der vorgewärmten Form im Backofen (Mitte) ca. 2 Std. bis zu einer Kerntemperatur von 55° (durchgehend rosa) garen. Alternativ für einen rosa Kern ca. 2 Std. 30 Min. bis zu einer Kerntemperatur von 60° garen.

2 Knoblauch schälen, grob hacken und mit 1 TL Salz im Mörser fein zerstoßen. Rosmarin waschen, trocken schütteln und die Nadeln abzupfen. Butter, Knoblauch, Rosmarin, Zwiebeln, Senf, Paprikapulver und Honig mit dem Handrührgerät in ca. 2 Min. cremig rühren.

3 Das Roastbeef in Scheiben schneiden und auf vier vorgewärmten Tellern anrichten. Mit der Zwiebelbutter servieren.

GEFLÜGEL

*Für 4 Personen • 1 Std. Zubereitung • 1 Std. NT-Garen • Kerntemperatur: 65° •
Pro Portion ca. 320 kcal, 22 g E, 12 g F, 28 g KH*

ENTENBRUST AUF ROTKOHL

KLASSIKER

FÜR FLEISCH UND SAUCE
2 große Entenbrustfilets (à 400 g)
Salz, Pfeffer
250 ml Geflügelfond (Glas)
2 EL Sahne
1 TL grüner Pfeffer in Lake

FÜR DEN ROTKOHL
1 Rotkohl (650 g)
2 rote Zwiebeln
2 säuerliche Äpfel (z. B. Boskop)
4 EL Aceto balsamico
3 EL Zucker
3 Nelken
Salz

FLEISCH: Backofen samt ofenfester Form auf 80° (Ober- und Unterhitze) vorheizen. Die Haut der Filets rautenförmig einritzen, mit Salz und Pfeffer würzen und auf der Hautseite in eine Pfanne legen. Bei mittlerer Hitze erwärmen und die Filets im austretenden Fett in ca. 5 Min. kräftig goldbraun anbraten. Wenden und ca. 2 Min. auf der Fleischseite braten. In die vorgewärmte Form legen und im Ofen (Mitte) ca. 1 Std. bis zu einer Kerntemperatur von 65° garen. Das Entenfett in einen großen Topf umfüllen, die Pfanne nicht reinigen.

ROTKOHL: Kohl putzen, vierteln und den Strunk herausschneiden. Die Viertel in dünne Streifen schneiden. Zwiebeln schälen, halbieren und in dünne Streifen schneiden. Äpfel waschen, entkernen und grob raspeln. Das Entenfett erhitzen und die Zwiebeln darin ca. 2 Min. anschwitzen. Den Kohl zugeben und ebenfalls 3–4 Min. anschwitzen. Äpfel, Essig, Zucker, Nelken und 200 ml Wasser einrühren und den Kohl zugedeckt bei schwacher Hitze ca. 45 Min. garen. Salzen.

SAUCE: Den Fond in der Pfanne aufkochen und dabei den Bratensatz mit einem Schneebesen vom Pfannenboden lösen. Bei mittlerer Hitze ca. 8 Min. kochen lassen. Sahne und grünen Pfeffer einrühren, aufkochen und mit Salz abschmecken.

FERTIGSTELLEN: Die Brust aus dem Ofen nehmen, quer in Scheiben schneiden und mit Rotkohl und Sauce auf vier vorgewärmten Tellern anrichten. Dazu passen Kartoffelkroketten.

Für 4 Personen • 35 Min. Zubereitung • 2 Std. NT-Garen • Kerntemperatur: 68° • Pro Portion ca. 510 kcal, 53 g E, 29 g F, 9 g KH

GÄNSEBRUST MIT BUTTERGEMÜSE

FÜR GÄSTE

800 g Gänsebrust (ohne Knochen, mit Haut und Fettdeckel)
Salz, Pfeffer
3 EL Butterschmalz
400 g junge Möhren
4 Frühlingszwiebeln
2 EL frisch gehackte Petersilie
2 rote Zwiebeln
60 g gemahlene Haselnüsse
350 ml Geflügelfond (Glas)

1 Backofen samt ofenfester Form auf 80° (Ober- und Unterhitze) vorheizen. Fleisch mit Salz und Pfeffer würzen und in 2 EL Schmalz bei mittlerer Hitze auf der Hautseite ca. 4 Min. anbraten. Wenden und ca. 1 Min. weiterbraten. In der Form im Ofen (Mitte) ca. 2 Std. bis zu einer Kerntemperatur von 68° garen. Pfanne nicht reinigen.

2 Möhren schälen und längs vierteln. Frühlingszwiebeln putzen, waschen, längs halbieren und in 4 cm lange Stücke schneiden. Restliches Schmalz in einem Topf erhitzen und die Möhren darin 3–4 Min. anschwitzen. Frühlingszwiebeln und 3 EL Wasser zufügen und zugedeckt 4–5 Min. dünsten. Petersilie einrühren und salzen.

3 Zwiebeln schälen, vierteln und im Bratensatz bei schwacher Hitze 4–5 Min. anbraten. Nüsse zugeben und 20 Sek. leicht anschwitzen. Den Fond zugießen und die Sauce 1–2 Min. köcheln lassen. Die Brust quer in Scheiben schneiden, mit Gemüse und Sauce servieren.

Für 4 Personen • 35 Min. Zubereitung • 5 Std. 30 Min. NT-Garen • Kerntemperatur: 70° • Pro Portion ca. 500 kcal, 30 g E, 29 g F, 16 g KH

GÄNSEKEULEN MIT FRUCHTSAUCE

FÜR WEIHNACHTEN

½ Bio-Orange
½ Apfel
3 Zweige Thymian
2 EL getrocknete Cranberrys
4 Soft-Pflaumen
3 Schalotten
2 Gänsekeulen (800 g)
Salz, Pfeffer
1 EL Rapsöl
250 ml trockener Rotwein
250 ml Geflügelfond (Glas)

1 Orange heiß abwaschen, abtrocknen und in Scheiben schneiden. Apfel vierteln, entkernen und in Spalten schneiden. Thymian waschen und trocken schütteln. Früchte, Thymian, Cranberrys und Pflaumen in einer ofenfesten Form mischen.

2 Schalotten schälen und grob würfeln. Backofen samt der Form auf 80° (Ober- und Unterhitze) vorheizen. Gänsekeulen mit Salz und Pfeffer würzen und im Öl bei mittlerer Hitze in ca. 5 Min. rundum anbraten. Die Schalotten ca. 4 Min. mitbraten. In der Form im Ofen (Mitte) ca. 5 Std. 30 Min. bis zu einer Kerntemperatur von 70° garen.

3 Wein und Fond in einem Topf in ca. 15 Min. auf die Hälfte einkochen. Die Fruchtmischung aus der Form zum Wein geben, die Keulen im Ofen warm halten. Die Orangen entfernen, die Sauce aufkochen und mit Salz und Pfeffer abschmecken. Die Keulen halbieren und mit der Sauce servieren. Dazu passen Rotkohl und Klöße.

Für 4 Personen • 30 Min. Zubereitung • 45 Min. NT-Garen • Kerntemperatur: 70° •
Pro Portion ca. 430 kcal, 46 g E, 22 g F, 10 g KH

HÄHNCHEN AUF PILZGEMÜSE

FRÜHLINGS-REZEPT

FÜR DAS FLEISCH
4 Hähnchenbrustfilets (à 180 g)
Salz, Pfeffer
2 EL Rapsöl
100 ml Geflügelfond (Glas)

FÜR DAS GEMÜSE
300 g kleine weiße Champignons
2 EL Zitronensaft
Salz
3 rote Zwiebeln
500 g Möhren
4 Stängel glatte Petersilie
2 EL Butter
100 g Sahne

FLEISCH: Backofen samt ofenfester Form auf 80° (Ober- und Unterhitze) vorheizen. Die Filets mit Salz und Pfeffer würzen. Das Öl in einer Pfanne erhitzen und die Filets darin bei mittlerer Hitze ca. 2 Min. pro Seite anbraten. In die vorgewärmte Form legen und im Ofen (Mitte) ca. 45 Min. bis zu einer Kerntemperatur von 70° garen. Die Pfanne nicht reinigen.

GEMÜSE: Die Champignons putzen und mit einem Tuch abreiben. In einem Topf 500 ml Wasser mit Zitronensaft und 1 TL Salz aufkochen. Die Pilze darin ca. 3 Min. kochen. Dann in ein Sieb abgießen und unter kaltem Wasser vollständig abkühlen. Die Pilze gut abtropfen lassen.

Zwiebeln schälen, halbieren und in dünne Streifen schneiden Möhren schälen, längs halbieren und schräg in dünne Scheiben schneiden. Petersilie waschen, trocken schütteln und die Blätter fein hacken. Die Butter in einem Topf erhitzen und die Zwiebeln darin unter Rühren ca. 2 Min. dünsten. Dann die Möhren einrühren und ca. 2 Min. mitdünsten. Sahne und Pilze zugeben und bei starker Hitze unter Rühren 3–4 Min. kochen, bis die Sahne cremig wird. Die Petersilie unterheben.

FERTIGSTELLEN: Inzwischen den Fond in der Pfanne bei starker Hitze aufkochen, dabei den Bratensatz mit einem Schneebesen lösen. Ca. 5 Min. kochen lassen, bis die Sauce sämig ist. Gemüse und Filets auf vier vorgewärmten Tellern anrichten und mit je 2 EL Sauce überziehen.

Für 4 Personen • 30 Min. Zubereitung • 45 Min. NT-Garen • Kerntemperatur: 70° • Pro Portion ca. 565 kcal, 48 g E, 30 g F, 25 g KH

HÄHNCHENBRUST MIT APRIKOSEN

AUS FRANKREICH

FÜR DAS FLEISCH
4 Hähnchenbrustfilets (à 180 g)
Salz, Pfeffer
2 EL Rapsöl
4 EL Pinienkerne

FÜR DAS GEMÜSE
¼ Vanilleschote
650 g Möhren
2 Zwiebeln
100 g Soft-Aprikosen
2 EL Butter
100 g Doppelrahm-Frischkäse
Salz, Pfeffer

GUT ZU WISSEN
Im Gegensatz zum Braten in der Pfanne bleibt Hähnchenbrustfilet bei 80° im Backofen wunderbar saftig. Zusätzlichen Schutz vor dem Austrocknen bieten Sie dem zarten Filet, wenn Sie die Form vor dem Garen im Ofen mit Frischhaltefolie abdecken.

FLEISCH: Backofen samt ofenfester Form auf 80° (Ober- und Unterhitze) vorheizen. Die Filets mit Salz und Pfeffer würzen. Das Öl in einer Pfanne erhitzen und die Filets darin bei mittlerer Hitze ca. 2 Min. pro Seite anbraten. In die vorgewärmte Form legen und im Ofen (Mitte) ca. 45 Min. bis zu einer Kerntemperatur von 70° garen.

Die Pinienkerne in einer beschichteten Pfanne ohne Fett bei schwacher Hitze goldgelb rösten. Beiseitestellen.

GEMÜSE: Die Vanilleschote längs aufschlitzen und das Mark herausschaben, die Schote beiseitelegen. Die Möhren schälen und schräg in dünne Scheiben schneiden. Die Zwiebeln schälen und klein würfeln. Die Aprikosen fein hacken.

Die Butter in einem Topf erhitzen und die Zwiebeln darin bei mittlerer Hitze unter Rühren goldgelb anbraten. Möhren und Aprikosen zugeben und 150 ml Wasser zugießen. Vanillemark und -schote einrühren und alles zugedeckt bei mittlerer Hitze ca. 8 Min. dünsten, bis die Möhren bissfest sind. Die Vanilleschote entfernen, den Frischkäse einrühren und das Gemüse mit Salz und Pfeffer abschmecken.

FERTIGSTELLEN: Das Gemüse auf vier vorgewärmten Tellern anrichten. Die Hähnchenbrustfilets daraufsetzen, mit den Pinienkernen bestreuen und servieren.

*Für 4 Personen • 35 Min. Zubereitung • 3 Std. NT-Garen • Kerntemperatur: 70° •
Pro Portion ca. 365 kcal, 51 g E, 8 g F, 21 g KH*

PUTENBRUST IM GEWÜRZMANTEL

EINFACH

2 Knoblauchzehen
1 rote Chilischote
Salz
1 EL grober Dijonsenf
1 EL Ahornsirup
1 Bund glatte Petersilie
1 Zweig Rosmarin
1 TL gemahlener Koriander
4 EL Semmelbrösel
800 g Putenbrust am Stück
Pfeffer
2 EL Rapsöl

1 Den Knoblauch schälen und hacken, die Chilischote waschen und samt Kernen klein schneiden. Dann beides im Mörser mit ½ TL Salz zu einer feinen Paste zerstoßen. Mit Senf und Sirup verrühren.

2 Petersilie und Rosmarin waschen und trocken schütteln. Blätter und Nadeln abzupfen und fein schneiden. Mit Koriander und Semmelbröseln vermischen und auf einen großen Teller streuen.

3 Den Backofen samt ofenfester Form auf 80° (Ober- und Unterhitze) vorheizen. Das Fleisch mit Salz und Pfeffer würzen. Das Öl in einer Pfanne erhitzen und das Fleisch darin bei starker Hitze in 5–6 Min. rundum anbraten. Aus der Pfanne nehmen und ca. 5 Min. abkühlen lassen. Dann rundum mit der Senfpaste bestreichen und in der Bröselmischung wälzen. In die vorgewärmte Form legen und im Ofen (Mitte) ca. 3 Std. bis zu einer Kerntemperatur von 70° garen.

Für 4 Personen • 35 Min. Zubereitung • 40 Min. NT-Garen • Kerntemperatur: 65° • Pro Portion ca. 485 kcal, 51 g E, 20 g F, 25 g KH

GEFÜLLTE PUTENSCHNITZEL

MEDITERRAN

4 Putenschnitzel (à 180 g)
1 Stück Ingwer (3 cm lang)
1 Zwiebel
80 g Soft-Aprikosen
80 g Cashewkerne
3 EL Rapsöl
80 g Semmelbrösel
1 Ei (M)
1 TL getrockneter Thymian
Salz, Pfeffer

AUSSERDEM
12 Zahnstocher

1 Die Schnitzel zwischen Frischhaltefolie 4–5 mm flach klopfen. Ingwer schälen und fein reiben, Zwiebel schälen und fein würfeln. Aprikosen fein hacken, Cashewkerne grob hacken.

2 In einer beschichteten Pfanne 1 EL Öl erhitzen und die Zwiebel darin bei mittlerer Hitze ca. 2 Min. anschwitzen. Mit Ingwer, Aprikosen, Cashews und Semmelbröseln mischen. Das Ei verquirlen und zugeben. Mit Thymian, Salz und Pfeffer würzen und alles verkneten.

3 Backofen samt ofenfester Form auf 80° (Ober- und Unterhitze) vorheizen. Die Aprikosenmasse auf je einer Schnitzelhälfte verteilen, dabei rundum 2 cm Rand lassen. Die Schnitzel zusammenklappen, mit je 3 Zahnstochern verschließen, salzen und pfeffern. Das übrige Öl in der Pfanne erhitzen und die Taschen darin knapp 1 Min. pro Seite anbraten. In der Form im Ofen (Mitte) ca. 40 Min. bis zu einer Kerntemperatur von 65° garen. Dazu passt Blattspinat.

Für 4 Personen • 35 Min. Zubereitung • 1 Std. Marinieren • 35 Min. NT-Garen • Kerntemperatur: 68° • Pro Portion ca. 535 kcal, 31 g E, 42 g F, 7 g KH

ZITRONEN-PUTEN-SPIESSE

AUS GRIECHENLAND

FÜR DIE SPIESSE
2 Bio-Zitronen
2 Zweige Rosmarin
3 Knoblauchzehen
1 TL getrockneter Oregano
½ TL Pul Biber
80 ml Olivenöl
600 g Putengulasch
Salz, Pfeffer

FÜR DIE JOGHURTCREME
½ Bund Minze
1 Knoblauchzehe
400 g griechischer Joghurt (10 % Fett)
2 EL Olivenöl
Salz, Pfeffer

AUSSERDEM
8 Holzspieße (à 20 cm)

SPIESSE: Die Spieße ca. 1 Std. wässern. Die Zitronen heiß abwaschen und abtrocknen. Die Enden großzügig abschneiden und mit den Händen auspressen, die Früchte in 4 mm dicke Scheiben schneiden. Rosmarin waschen, trocken schütteln und die Nadeln fein hacken. Knoblauch schälen und durchpressen. Zitronensaft, Rosmarin, Knoblauch, Oregano, Pul Biber und 4 EL Öl in einer Schüssel verrühren. Das Fleisch darin ca. 1 Std. bei Raumtemperatur marinieren.

Den Backofen samt ofenfester Form auf 80° (Ober- und Unterhitze) vorheizen. Je 2 Spieße mit 1 cm Abstand zueinander halten und abwechselnd 3–4 Fleischwürfel und 2 zusammengefaltete Zitronenscheiben daraufstecken. Die Spieße mit Salz und Pfeffer würzen. In einer Pfanne 2 EL Öl erhitzen und 2 Spieße darin bei starker Hitze in ca. 2 Min. rundum anbraten. Herausnehmen, wieder 2 EL Öl in die Pfanne geben und die restlichen Spieße ebenso anbraten. Dann alle Spieße in die vorgewärmte Form legen und im Ofen (Mitte) ca. 35 Min. bis zu einer Kerntemperatur von 68° garen.

JOGHURTCREME: Die Minze waschen, trocken schütteln und die Blätter fein schneiden. Den Knoblauch schälen und durchpressen. Beides mit Joghurt und Öl verrühren, die Creme mit Salz und Pfeffer abschmecken.

FERTIGSTELLEN: Die Spieße mit der Joghurtcreme auf vier vorgewärmten Tellern anrichten. Dazu passt Fladenbrot.

LAMM & WILD

Für 4 Personen • 35 Min. Zubereitung • 1 Std. 30 Min. NT-Garen • Kerntemperatur: 60° •
Pro Portion ca. 740 kcal, 33 g E, 56 g F, 26 g KH

LAMMKARREE MIT PISTAZIENPÜREE

FÜR OSTERN

FÜR DAS FLEISCH

2 Lammkarrees (à 400 g, Lammkrone, Knochen freigeschabt)
Salz, Pfeffer
4 EL Rapsöl
2 Knoblauchzehen

FÜR DAS PISTAZIENPÜREE

700 g mehligkochende Kartoffeln
Salz
100 g geschälte Pistazien
70 g weiche Butter
150 ml Milch
frisch geriebene Muskatnuss
Pfeffer

GUT ZU WISSEN

Lammkarree (auch Lammkrone genannt) wird aus dem vorderen Lammrücken geschnitten. Das zarte und milde Fleisch gilt als Delikatesse und ist ein echter Osterklassiker. Bestellen Sie das Fleisch bei Ihrem Metzger vor und lassen Sie auch gleich die Knochen freischaben.

FLEISCH: Backofen samt ofenfester Form auf 80° (Ober- und Unterhitze) vorheizen. Das Fleisch mit Salz und Pfeffer würzen. Das Öl in einer Pfanne erhitzen, Knoblauchzehen samt Schale zerdrücken und zugeben. Die Lammkarrees nacheinander im heißen Öl bei mittlerer Hitze in 5–6 Min. rundum hellbraun anbraten. Das Fleisch dann in die vorgewärmte Form legen und im Ofen (Mitte) ca. 1 Std. 30 Min. bis zu einer Kerntemperatur von 60° garen.

PISTAZIENPÜREE: Die Kartoffeln schälen, waschen und vierteln. Die Viertel in einem Topf mit Wasser bedecken, mit 1 TL Salz würzen und zugedeckt in ca. 20 Min. weich kochen.

Inzwischen die Pistazien im Mixer oder Blitzhacker fein mahlen. Die Kartoffeln abgießen und kurz ausdampfen lassen. Butter und Milch zugeben, mit 1 Prise Muskat würzen und alles mit einem Kartoffelstampfer zu cremigem Püree zerdrücken. Die Pistazien unterrühren und mit Salz und Pfeffer abschmecken.

FERTIGSTELLEN: Die Karrees aus dem Ofen nehmen und zwischen den Knochen hindurch in Scheiben schneiden. Mit dem Püree auf vier vorgewärmten Tellern anrichten und sofort servieren. Dazu passen in Olivenöl gebratene Kirschtomaten.

*Für 4 Personen • 25 Min. Zubereitung • 30 Min. NT-Garen • Kerntemperatur: 55° •
Pro Portion ca. 475 kcal, 35 g E, 26 g F, 24 g KH*

LAMMLACHSE MIT BOHNENSALAT

EINFACH

2 Lammlachse (à 250 g, Lammrückenfilets)
Salz, Pfeffer
80 ml Olivenöl
1 Dose weiße Canellini-Bohnen (240 g Abtropfgewicht)
1 Dose Kidneybohnen (240 g Abtropfgewicht)
2 Knoblauchzehen
1 Bund Frühlingszwiebeln
500 g kleine Kirschtomaten
3 EL Rotweinessig
1 ½ TL Dijonsenf
1 EL Honig

1 Backofen samt ofenfester Form auf 80° (Ober- und Unterhitze) vorheizen. Das Fleisch mit Salz und Pfeffer würzen. In einer Pfanne 2 EL Öl erhitzen und das Fleisch darin bei mittlerer Hitze in 4–5 Min. rundum hellbraun anbraten. In die vorgewärmte Form legen und im Ofen (Mitte) ca. 30 Min. bis zu einer Kerntemperatur von 55° garen.

2 Inzwischen die Bohnen abgießen, kalt abspülen und abtropfen lassen. Den Knoblauch schälen und fein hacken. Die Frühlingszwiebeln putzen, waschen und in feine Ringe schneiden. Die Tomaten waschen. Restliches Öl, Essig, Senf, Knoblauch und Honig in einer Schüssel verrühren, mit Salz und Pfeffer würzen. Bohnen, Frühlingszwiebeln und Tomaten unterheben.

3 Das Fleisch aus dem Ofen nehmen und in Scheiben schneiden. Mit dem Bohnensalat auf vier vorgewärmten Tellern anrichten und servieren. Dazu passen in Olivenöl gebratene Bauernbrotscheiben.

Für 4 Personen • 25 Min. Zubereitung • 1 Std. Marinieren • 40 Min. NT-Garen • Kerntemperatur: 55° • Pro Portion ca. 690 kcal, 46 g E, 53 g F, 7 g KH

MARINIERTE LAMMHÜFTSTEAKS

GUT VORZUBEREITEN

2 EL Teriyaki-Sauce (Asia-Laden)
2 EL Zitronensaft
3 TL getrocknete Kräuter der Provence
1 TL Pul Biber
80 ml Olivenöl
4 Lammhüftsteaks (à 180 g)
Salz, Pfeffer
600 g TK-Brokkoliröschen
2 Knoblauchzehen
200 g Schafskäse (Feta)
2 TL Speisestärke

1 Teriyaki-Sauce, Zitronensaft, Kräuter, Pul Biber und 4 EL Öl verrühren. Die Steaks darin abgedeckt ca. 1 Std. marinieren. Backofen samt ofenfester Form auf 80° (Ober- und Unterhitze) vorheizen. Die Steaks trocken tupfen, mit Salz und Pfeffer würzen und in 2 EL Öl bei starker Hitze ca. 3 Min. pro Seite anbraten. In der Form im Ofen (Mitte) ca. 40 Min. bis zu einer Kerntemperatur von 55° garen.

2 Brokkoli in Salzwasser in ca. 5 Min. bissfest garen. Abschrecken und abtropfen lassen. Knoblauch schälen und fein schneiden, Feta zerbröseln. Alles mit dem übrigen Öl mischen, salzen, pfeffern.

3 Die Steaks aus dem Ofen nehmen und diesen auf 200° aufheizen. Das Gemüse auf einem Blech verteilen und im Ofen (Mitte) ca. 4 Min. braten. Das Fleisch in der Form ca. 4 Min. mitbraten. Stärke, 100 ml Wasser und Marinade in der Pfanne aufkochen und ca. 1 Min. köcheln lassen. Steaks mit Brokkoli und Sauce servieren.

1

2

3

LAMMKEULE IN ROSMARIN

FÜR GÄSTE

4

5

6

Für 4 Personen • 50 Min. Zubereitung • 2 Std. Marinieren • 3 Std. 30 Min. NT-Garen • Kerntemperatur: 60° • Pro Portion ca. 870 kcal, 48 g E, 69 g F, 13 g KH

FÜR DAS FLEISCH

5 Zweige Rosmarin
1 TL schwarze Pfefferkörner
3 Knoblauchzehen
2 EL Zitronensaft
50 ml Olivenöl
1 kg Lammkeule ohne Knochen (Bild 1)
Salz

FÜR DAS GEMÜSE

2 mittelgroße Stangen Lauch
4 Feigen
2 EL Pinienkerne
2 EL Olivenöl
Salz, Pfeffer
1 EL Honig

AUSSERDEM

Küchengarn (60 cm)

GUT ZU WISSEN
Die Lammkeule können Sie bereits entbeint, also ohne Knochen, kaufen. Ihr Metzger oder Fleischhändler übernimmt diesen Arbeitsschritt gerne für Sie.

FLEISCH: Rosmarin waschen, trocken schütteln und die Nadeln grob hacken. Mit den Pfefferkörnern im Mörser fein zerstoßen. Knoblauch schälen und dazupressen. Zitronensaft und 3 EL Öl unterrühren. Die Lammkeule kalt abspülen, trocken tupfen und eventuell verbliebene Haut, Fett und Sehnen entfernen. Rundum mit dem Würzöl einreiben (Bild 2) und abgedeckt ca. 2 Std. bei Raumtemperatur marinieren.

Den Backofen samt ofenfester Form auf 80° (Ober- und Unterhitze) vorheizen. Das Fleisch zusammenklappen, mit Küchengarn fixieren (Bild 3) und kräftig mit Salz würzen. Das restliche Öl in einer Pfanne erhitzen und die Keule darin bei mittlerer Hitze in 8–10 Min. rundum kräftig braun anbraten (Bild 4). In die vorgewärmte Form legen und im Ofen (Mitte) ca. 3 Std. 30 Min. bis zu einer Kerntemperatur von 60° garen.

GEMÜSE: Den Lauch waschen, putzen und in schmale Ringe schneiden. Die Feigen waschen und vierteln. Die Pinienkerne in einer Pfanne ohne Fett goldbraun rösten, herausnehmen. Das Öl in der Pfanne erhitzen und den Lauch darin bei mittlerer Hitze 3–4 Min. anschwitzen, mit Salz und Pfeffer würzen. Feigen und Honig unterheben und ca. 2 Min. mitgaren. Das Gemüse mit Salz und Pfeffer abschmecken.

FERTIGSTELLEN: Die Lammkeule quer zur Faser in Scheiben schneiden (Bild 5). Die Scheiben mit dem Gemüse auf vier vorgewärmten Tellern anrichten und mit den gerösteten Pinienkernen bestreuen (Bild 6). Sofort servieren.

Für 4 Personen • 35 Min. Zubereitung • 1 Std. 20 Min. NT-Garen • Kerntemperatur: 60° • Pro Portion ca. 1 180 kcal, 59 g E, 74 g F, 70 g KH

HIRSCHRÜCKEN MIT NUSSKRUSTE

HERBST-REZEPT

FÜR DAS FLEISCH
800 g Hirschrücken ohne Knochen
Salz, Pfeffer
1 EL Butterschmalz

FÜR DIE NUSSBUTTER
150 g weiche Butter
100 g gemahlene Haselnüsse
50 g Semmelbrösel
2 TL Kakaopulver
Salz, Pfeffer

FÜR DIE MAISTALER
600 g Maiskörner (Dose)
4 Eier (M)
120 g Mehl
Salz
frisch geriebene Muskatnuss
2 EL Butterschmalz

FLEISCH: Backofen samt ofenfester Form auf 80° (Ober- und Unterhitze) vorheizen. Das Fleisch mit Salz und Pfeffer würzen. In einer Pfanne 1 EL Schmalz erhitzen und das Fleisch darin bei mittlerer bis starker Hitze rundum 6–7 Min. anbraten. In die vorgewärmte Form legen und im Ofen (Mitte) ca. 1 Std. 20 Min. bis zu einer Kerntemperatur von 60° garen.

NUSSBUTTER: Die Butter cremig rühren. Haselnüsse, Semmelbrösel und Kakao unterkneten und mit Salz und Pfeffer würzen. Die Nussbutter auf Frischhaltefolie in Größe des Fleischstücks flach drücken und kühlen.

MAISTALER: Den Mais abgießen und abtropfen lassen. 2 Eier trennen (Eigelbe anderweitig verwenden). Eiweiße, restliche Eier, 500 g Mais und Mehl mit dem Pürierstab glatt mixen. Restlichen Mais unterheben und mit Salz und 1 Prise Muskat würzen. Das Schmalz in einer beschichteten Pfanne erhitzen, pro Taler 1 ½ EL Maismasse hineinsetzen und bei mittlerer Hitze von beiden Seiten ca. 2 Min. braten.

FERTIGSTELLEN: Das Fleisch aus dem Ofen nehmen und den Backofen auf 220° mit Grill schalten. Die Butter mit der Folie nach oben auf das Fleisch legen, festdrücken und die Folie abziehen. Den Hirschrücken im Ofen (oben) in 4–5 Min. goldbraun überbacken. Mit den Maistalern auf vier vorgewärmten Tellern anrichten und servieren.

Für 4 Personen • 55 Min. Zubereitung • 30 Min. NT-Garen • Kerntemperatur: 60° • Pro Portion ca. 555 kcal, 46 g E, 22 g F, 42 g KH

REH MIT BIRNENCHUTNEY

EINFACH

500 g Birnen
2 Schalotten
1 Stück Ingwer (4 cm lang)
50 ml Apfelessig
½ Stange Zimt
4 EL brauner Zucker
40 g getrocknete Cranberrys
½ TL Senfkörner
Salz
800 g Rehrücken ohne Knochen
Pfeffer
4 EL Butterschmalz

1 Birnen schälen, entkernen und würfeln. Schalotten schälen und fein würfeln. Ingwer schälen und in dünne Scheiben schneiden. Schalotten, Ingwer, Essig, Zimt und Zucker in einem Topf aufkochen. Birnen, Cranberrys und Senfkörner einrühren und abgedeckt bei schwacher Hitze ca. 45 Min. köcheln lassen. Dann offen ca. 10 Min. weiterköcheln lassen. Zimt entfernen und mit Salz abschmecken.

2 Inzwischen Backofen samt ofenfester Form auf 80° (Ober- und Unterhitze) vorheizen. Das Fleisch kalt abspülen, trocken tupfen und in 4 cm lange Stücke schneiden. Diese hochkant stellen und zu 2 cm hohen Medaillons drücken. Mit Salz und Pfeffer würzen.

3 In einer Pfanne 2 EL Schmalz erhitzen. Die Medaillons darin in zwei Portionen bei starker Hitze ca. 1 Min. pro Seite anbraten. In der Form im Ofen (Mitte) ca. 30 Min. bis zu einer Kerntemperatur von 60° garen. Mit dem Chutney und Kartoffelpüree servieren.

Für 4 Personen • 40 Min. Zubereitung • 1 Std. Marinieren • 55 Min. NT-Garen • Kerntemperatur: 65° • Pro Portion ca. 635 kcal, 28 g E, 23 g F, 79 g KH

KANINCHEN IN JOGHURT

ORIENTALISCH

2 rote Chilischoten
400 g Joghurt
2 TL gemahlener Koriander
2 TL Currypulver
4 Kaninchenkeulen
Salz, Pfeffer
4 EL Butterschmalz
6 Frühlingszwiebeln
2 TL Gemüsebrühe (Instant)
400 g Couscous (Instant)
2 EL Rosinen

1 Chilis halbieren, entkernen, die Hälften waschen und fein hacken. Mit Joghurt, Koriander und Curry verrühren. Die Keulen kalt abspülen und trocken tupfen. Mit Salz und Pfeffer würzen, rundum mit dem Joghurt bestreichen und mindestens 1 Std. marinieren.

2 Backofen samt ofenfester Form auf 80° (Ober- und Unterhitze) vorheizen. Die Marinade abstreifen und die Keulen in 3 EL Schmalz bei starker Hitze in 5–6 Min. rundum anbraten. In der Form im Ofen (Mitte) in ca. 55 Min. bis zu einer Kerntemperatur von 65° garen.

3 Frühlingszwiebeln putzen, waschen und fein schneiden. Restliches Schmalz in einem Topf erhitzen und die Zwiebeln darin ca. 1 Min. anschwitzen. 500 ml heißes Wasser und Brühe einrühren und aufkochen. Vom Herd nehmen, Couscous und Rosinen einrühren und ca. 1 Min. quellen lassen. Den Couscous auflockern, salzen und pfeffern. Die Keulen halbieren und mit dem Couscous servieren.

Für 4 Personen • 35 Min. Zubereitung • 2 Std. NT-Garen • Kerntemperatur: 65° •
Pro Portion ca. 540 kcal, 41 g E, 26 g F, 32 g KH

WILDSCHWEIN MIT RHABARBER

EINFACH

800 g Wildschweinrücken ohne Knochen
Salz, Pfeffer
3 EL Rapsöl
600 g Rhabarber (ersatzweise TK-Rhabarberstücke)
1 Stück Ingwer (4 cm lang)
2 rote Zwiebeln
Zimtpulver
1 TL gemahlener Kardamom
2 getrocknete Chilischoten
100 g Rohrohrzucker
50 ml Aceto balsamico

1 Den Backofen samt ofenfester Form auf 80° (Ober- und Unterhitze) vorheizen. Das Fleisch kalt abspülen und trocken tupfen. Mit Salz und Pfeffer würzen. Das Öl in einer Pfanne erhitzen und das Fleisch darin bei mittlerer Hitze in 6–7 Min. rundum anbraten. Dann in die vorgewärmte Form legen und im Ofen (Mitte) ca. 2 Std. bis zu einer Kerntemperatur von 65° garen.

2 Rhabarber waschen, putzen und in 5 mm große Stücke schneiden. Ingwer und Zwiebeln schälen und klein würfeln. Beides mit 2 Msp. Zimt, Kardamom, Chili, Zucker, Essig und 100 ml Wasser in einem Topf bei mittlerer Hitze ca. 10 Min. kochen lassen. Den Rhabarber zugeben und in 6–8 Min. dicklich einkochen lassen, salzen.

3 Den Wildschweinrücken aus dem Ofen nehmen, quer in Scheiben schneiden und mit dem Rhabarberchutney auf vier vorgewärmten Tellern anrichten. Dazu passen gebratene Gnocchi.

Für 4 Personen • 30 Min. Zubereitung • 4 Std. NT-Garen • Kerntemperatur: 65° •
Pro Portion ca. 560 kcal, 51 g E, 32 g F, 10 g KH

WILDSCHWEINBRATEN

MIT ALKOHOL

1 kg Wildschweinbraten ohne Knochen (Schulter oder Keule)
1 EL Wildgewürz
Salz, Pfeffer
2 EL Rapsöl
2 Zwiebeln
1 Zweig Rosmarin
1 EL Butter
250 ml Wildfond (Glas)
0,33 l Malzbier
1 EL Johannisbeergelee
1 EL Speisestärke

AUSSERDEM
Küchengarn (50 cm)

1 Den Backofen samt ofenfester Form auf 80° (Ober- und Unterhitze) vorheizen. Das Fleisch kalt abspülen, trocken tupfen und mit Wildgewürz einreiben. Kräftig mit Salz und Pfeffer würzen und mit Küchengarn zu einer Rolle binden. Das Öl in einer Pfanne erhitzen und das Fleisch darin bei mittlerer Hitze in 8–10 Min. rundum anbraten. In der vorgewärmten Form im Ofen (Mitte) ca. 4 Std. bis zu einer Kerntemperatur von 65° garen. Die Pfanne nicht reinigen.

2 Zwiebeln schälen und fein würfeln. Rosmarin waschen und trocken schütteln. Butter in der Pfanne erhitzen und die Zwiebeln darin in 2–3 Min. braun anbraten. Fond, die Hälfte vom Bier, Gelee und Rosmarin einrühren und bei starker Hitze ca. 10 Min. kochen lassen. Restliches Bier und Stärke verquirlen, mit dem Schneebesen in die Sauce rühren, aufkochen und bei mittlerer Hitze 3–4 Min. köcheln lassen. Rosmarin entfernen, mit Salz und Pfeffer abschmecken. Den Braten in Scheiben schneiden und mit der Sauce servieren.

FISCH

Für 4 Personen • 30 Min. Zubereitung • 35 Min. NT-Garen • Kerntemperatur: 65° •
Pro Portion ca. 245 kcal, 35 g E, 7 g F, 11 g KH

ZANDER MIT PFANNENGEMÜSE

KALORIENARM

FÜR DEN FISCH

4 Zanderfilets mit Haut (à 180 g)
4 TL Rapsöl
Salz, Pfeffer

FÜR DAS GEMÜSE

2 rote Paprika
1 kleiner Pak Choi
1 kleiner Zucchino
2 Knoblauchzehen
2 rote Chilischoten
1 Stück Ingwer (4 cm lang)
6 EL Sojasauce
2 TL Ahornsirup

GU-CLOU

Die Frischhaltefolie schützt den Fisch zusätzlich, er gart darunter im eigenen Aromadampf und bleibt saftig. Und keine Angst, handelsübliche Frischhaltefolie ist bedenkenlos bis 120° erwärmbar. Das Thermometer stecken Sie durch die Folie in den Fisch.

FISCH: Den Backofen samt ofenfester Form auf 80° (Ober- und Unterhitze) vorheizen. Den Fisch kalt abspülen und trocken tupfen. Die Filets rundum mit je 1 TL Öl einreiben und mit Salz und Pfeffer würzen. Eine Pfanne erhitzen und die Filets darin auf der Hautseite bei starker Hitze ca. 1 Min. anbraten. Die Filets dann mit der Hautseite nach oben in die vorgewärmte Form legen. Die Form mit Frischhaltefolie abdecken und den Zander im Ofen (Mitte) ca. 35 Min. bis zu einer Kerntemperatur von 65° garen. Die Pfanne nicht reinigen.

GEMÜSE: Die Paprika vierteln, weiße Trennwände und Kerne entfernen. Die Viertel waschen und quer in dünne Streifen schneiden. Den Pak Choi putzen, die Stiele samt Blättern in 1 cm breite Streifen schneiden und waschen. Den Zucchino putzen, waschen und längs vierteln. Die Viertel schräg in dünne Scheibchen schneiden. Den Knoblauch schälen und durchpressen. Die Chilis halbieren, entkernen, die Hälften waschen und fein hacken. Den Ingwer schälen und fein reiben.

Knoblauch und Chilis im Bratensatz bei starker Hitze ca. 5 Sek. anbraten. Gemüse und Ingwer zugeben und unter Rühren ca. 1 Min. anbraten. Mit Sojasauce, Ahornsirup und 4 EL Wasser ablöschen und bei mittlerer Hitze in ca. 2 Min. fertig garen.

FERTIGSTELLEN: Den Zander aus dem Ofen nehmen, mit dem Gemüse auf vier vorgewärmten Tellern anrichten und servieren. Dazu passt knuspriges Baguette.

Für 4 Personen • 30 Min. Zubereitung • 25 Min. NT-Garen • Kerntemperatur: 60° • Pro Portion ca. 675 kcal, 35 g E, 50 g F, 19 g KH

LACHSFORELLE MIT DILLRAHM

SCHNELL

4 Lachsforellenfilets (à 180 g)
Salz, Pfeffer
3 EL Butter
1 Zwiebel
2 EL Mehl
350 g Sahne
2 EL Honig
2 EL Limettensaft
3 TL getrockneter Dill
2 TL Currypulver

1 Den Backofen samt ofenfester Form auf 80° (Ober- und Unterhitze) vorheizen. Den Fisch kalt abspülen, trocken tupfen und mit Salz und Pfeffer würzen. In einer Pfanne 2 EL Butter erhitzen und die Filets darin auf der Hautseite bei mittlerer Hitze ca. 1 Min. anbraten. In der vorgewärmten Form im Ofen (Mitte) ca. 25 Min. bis zu einer Kerntemperatur von 60° garen. Pfanne nicht reinigen.

2 Die Zwiebel schälen und fein würfeln. Die übrige Butter in der Pfanne erhitzen und die Zwiebel darin ca. 2 Min. anschwitzen. Das Mehl mit dem Schneebesen unterrühren, Sahne und 100 ml Wasser zugießen und alles bei starker Hitze unter Rühren aufkochen. Honig, Limettensaft, Dill und Currypulver einrühren.

3 Den Fisch mit der Sauce auf vier vorgewärmten Tellern anrichten und sofort servieren. Dazu passt Basmatireis.

Für 4 Personen • 35 Min. Zubereitung • 40 Min. NT-Garen • Kerntemperatur: 60° •
Pro Portion ca. 765 kcal, 41 g E, 59 g F, 16 g KH

LACHS MIT 5-GEWÜRZE-PULVER

EINFACH

4 Lachsfilets ohne Haut (à 180 g)
3 EL Olivenöl
Salz
2 TL 5-Gewürze-Pulver
160 g Crème fraîche
4 TL Zucker
2 TL Limettensaft
2 rote Paprika
400 g Zuckerschoten
2 EL gerösteter Sesam (Goma, Asia-Laden)
2 EL schwarzer Sesam (Asia-Laden)

1 Backofen samt ofenfester Form auf 80° (Ober- und Unterhitze) vorheizen. Lachs kalt abspülen, trocken tupfen, rundum mit je 1 TL Öl einreiben, mit Salz und Gewürzpulver bestreuen. In die Form legen, diese mit Frischhaltefolie abdecken und den Fisch im Ofen (Mitte) ca. 40 Min. bis zu einer Kerntemperatur von 60° garen.

2 Crème fraîche, 2 TL Zucker und Limettensaft verrühren, salzen. Paprika vierteln, entkernen, waschen und quer in dünne Streifen schneiden. Zuckerschoten putzen und waschen. Das übrige Öl in einem Topf erhitzen und die Paprika darin ca. 1 Min. anschwitzen. Zuckerschoten, restlichen Zucker und 2 EL Wasser zugeben und abgedeckt bei schwacher Hitze 8–10 Min. garen. Salzen.

3 Sesam auf einem Teller mischen. Den Fisch aus dem Ofen nehmen und darin wälzen. Mit Gemüse und Limettencreme auf vier vorgewärmten Tellern anrichten. Dazu passt Baguette.

Für 4 Personen • 30 Min. Zubereitung • 40 Min. NT-Garen • Kerntemperatur: 60° • Pro Portion ca. 610 kcal, 44 g E, 30 g F, 58 g KH

PANGASIUS IM PERGAMENT

FÜR GÄSTE

FÜR DEN FISCH

1 Bio-Limette
100 g weiche Butter
Salz, Pfeffer
4 Pangasiusfilets (à 180 g)

FÜR DEN ZITRONENREIS

1 Stängel Zitronengras
1 Bio-Zitrone
1 Knoblauchzehe
3 Zweige Zitronenthymian
300 g Basmatireis
Salz

AUSSERDEM

4 Bögen Backpapier
4 Stücke Küchengarn (à 40 cm)

GUT ZU WISSEN
Der aus Südostasien stammende Pangasius ist auch bei uns in Deutschland beliebt. Kein Wunder: Der unkomplizierte, festfleischige Zuchtfisch hat wenig Eigengeschmack und harmoniert gut mit Gewürzen oder mit Zitrusaromen.

FISCH: Die Limette heiß abwaschen, abtrocknen und die Schale abreiben. Die Limettenschale mit Butter, 1 TL Salz und 2–3 Prisen Pfeffer verrühren. Den Backofen samt ofenfester Form auf 80° (Ober- und Unterhitze) vorheizen.

Den Fisch kalt abspülen und trocken tupfen. Jedes Filet mittig auf einen Bogen Backpapier setzen und die Limettenbutter daraufstreichen. Das Papier zu Päckchen zusammenfalten, die Seiten nach oben klappen und mit Küchengarn fixieren. Den Fisch in die vorgewärmte Form legen und im Ofen (Mitte) ca. 40 Min. bis zu einer Kerntemperatur von 60° garen.

ZITRONENREIS: Inzwischen vom Zitronengras das Wurzelende abschneiden, die groben Hüllblätter entfernen und den Stängel längs halbieren. Zitrone heiß abwaschen, abtrocknen und die Schale dünn abschälen. Knoblauch schälen und Thymian waschen. Reis, Zitronengras, Zitronenschale, Thymian, Knoblauch, ½ TL Salz und 750 ml Wasser in einem Topf bei starker Hitze aufkochen. Dann abgedeckt bei schwacher Hitze in ca. 25 Min. ausquellen lassen. Zitronengras, Zitronenschale, Knoblauch und Thymian entfernen.

FERTIGSTELLEN: Die Fischpäckchen aus dem Ofen nehmen, auf vier vorgewärmte Teller setzen und bei Tisch öffnen. Den Zitronenreis dazu servieren.

Für 4 Personen • 35 Min. Zubereitung • 35 Min. NT-Garen • Kerntemperatur: 60° •
Pro Portion ca. 620 kcal, 42 g E, 45 g F, 10 g KH

SCHWERTFISCH IN ZITRONENSAUCE

AUS ITALIEN

800 g Schwertfischsteak
1 TL edelsüßes Paprikapulver
Chilipulver
Salz
4 EL Butter
1 Bio-Zitrone
1 EL Speisestärke
50 ml Weißwein
300 g Sahne
2 TL Zucker
3 TL getrockneter Dill
Pfeffer

1 Den Backofen samt ofenfester Form auf 80° (Ober- und Unterhitze) vorheizen. Den Fisch kalt abspülen und trocken tupfen. Paprikapulver, 2 Msp. Chilipulver und 1 TL Salz mischen und das Fischsteak damit einreiben. Die Butter in einer Pfanne erhitzen und den Fisch darin bei mittlerer Hitze ca. 2 Min. pro Seite anbraten. Dann in die vorgewärmte Form legen und im Ofen (Mitte) ca. 35 Min. bis zu einer Kerntemperatur von 60° garen. Die Pfanne nicht reinigen.

2 Zitrone heiß abwaschen, abtrocknen, die Schale abreiben und den Saft auspressen. Stärke mit dem Schneebesen in den Bratensatz rühren und zum Köcheln bringen. Wein, Sahne und Zucker einrühren, aufkochen und bei schwacher Hitze ca. 2 Min. köcheln lassen. Dill, Zitronenschale und -saft einrühren, mit Salz und Pfeffer abschmecken. Den Fisch in vier Stücke schneiden und mit der Sauce servieren. Dazu passen Bandnudeln und gebratene Kirschtomaten.

Für 4 Personen • 35 Min. Zubereitung • 35 Min. NT-Garen • Kerntemperatur: 65° • Pro Portion ca. 315 kcal, 33 g E, 12 g F, 19 g KH

KABELJAU MIT GEMÜSECURRY

KALORIENARM

4 Kabeljaufilets (à 180 g)
Salz
4 EL Rapsöl
2 rote Paprika
2 Möhren
1 Pak Choi
2 rote Zwiebeln
2 EL rote Currypaste (Glas)
2 EL Zucker
300 g Kokosmilch
2 TL Limettensaft

1 Backofen samt ofenfester Form auf 80° (Ober- und Unterhitze) vorheizen. Fisch kalt abspülen, trocken tupfen und salzen. Die Filets in 3 EL Öl bei starker Hitze ca. 20 Sek. pro Seite anbraten. Dann in der Form im Ofen (Mitte) ca. 35 Min. bis zu einer Kerntemperatur von 65° garen. Die Pfanne nicht reinigen.

2 Paprika halbieren, entkernen, waschen und in kleine Würfel schneiden. Möhren schälen, längs halbieren und schräg in dünne Scheiben schneiden. Den Pak Choi putzen, Stiele und Blätter in 1 cm breite Streifen schneiden und waschen. Zwiebeln schälen, halbieren und in Streifen schneiden. Das restliche Öl in der Pfanne erhitzen. Zwiebeln, Currypaste und Zucker darin unter Rühren 2–3 Min. andünsten. Kokosmilch, Limettensaft, 100 ml Wasser und 1 Prise Salz einrühren. Das Gemüse zugeben und zugedeckt bei mittlerer Hitze ca. 8 Min. garen. Das Curry mit Salz abschmecken und mit dem Fisch servieren. Dazu passt Basmatireis.

REGISTER

Abkürzungsverzeichnis:
E = Eiweiß
EL = Esslöffel (gestrichen)
F = Fett
kcal = Kilokalorien
KH = Kohlenhydrate
Msp. = Messerspitze
Pck. = Päckchen
NT = Niedrigtemperatur
TK = Tiefkühl
TL = Teelöffel (gestrichen)
Ø = Durchmesser

Projektleitung: Monika Greiner
Lektorat: Petra Teetz
Korrektorat: Waltraud Schmidt
Gesamtgestaltung: independent Medien-Design, München: Horst Moser (Artdirection), Lucie Heselich, Svenja Wamser
Herstellung: Petra Roth
Satz: Kösel, Krugzell
Reproduktion: medienprinzen GmbH, München
Syndication: www.seasons.agency
Printed in China

2. Auflage 2018
ISBN 978-3-8338-6614-2

www.facebook.com/gu.verlag

GRÄFE UND UNZER
Ein Unternehmen der
GANSKE VERLAGSGRUPPE

DER AUTOR

Nico Stanitzok ist viel beschäftigter Koch, Blogger und Kochbuchautor – er liebt unkomplizierte Rezepte, die für alle Anlässe geeignet sind. Im GRÄFE UND UNZER VERLAG sind bereits viele erfolgreiche Titel von ihm erschienen.

DER FOTOGRAF

Klaus Arras, Food-Fotograf in Köln, liegt die natürliche Atmosphäre bei seinen Aufnahmen besonders am Herzen. Für dieses Buch hat er **Katja Briol** (Foodstyling) und **Bettina Bormann** (Requisite) in sein Team geholt. www.klausarras.de

BILDNACHWEIS

Klaus Arras: S. 06–59 und Stepfotos auf den Klappen
auen60: S. 01, 05 und Stillleben auf den Klappen
Autorenfoto: privat
Coverfoto: Silvio Knezevic

QUALITÄTS G|U GARANTIE

LIEBE LESERINNEN UND LESER,

wir wollen Ihnen mit diesem Buch Informationen und Anregungen geben, um Ihnen das Leben zu erleichtern oder Sie zu inspirieren, Neues auszuprobieren. Wir achten bei der Erstellung unserer Bücher auf Aktualität und stellen höchste Ansprüche an Inhalt und Gestaltung. Alle Anleitungen und Rezepte werden von unseren Autoren, jeweils Experten auf ihrem Gebiet, gewissenhaft erstellt und von unseren Redakteuren/innen mit größter Sorgfalt ausgewählt und geprüft.

Haben wir Ihre Erwartungen erfüllt? Sind Sie mit diesem Buch und seinen Inhalten zufrieden? Haben Sie weitere Fragen zu diesem Thema? Wir freuen uns auf Ihre Rückmeldung, auf Lob, Kritik und Anregungen, damit wir für Sie immer besser werden können. Und wir freuen uns, wenn Sie diesen Titel weiterempfehlen, in Ihrem Freundeskreis oder online.

Sollten wir Ihre Erwartungen so gar nicht erfüllt haben, tauschen wir Ihnen Ihr Buch jederzeit gegen ein gleichwertiges zum gleichen oder ähnlichen Thema um.

KONTAKT

GRÄFE UND UNZER VERLAG
Leserservice
Postfach 86 03 13
81630 München
E-Mail: leserservice@graefe-und-unzer.de

Telefon: 0 08 00 / 72 37 33 33*
Telefax: 0 08 00 / 50 12 05 44*
Mo – Do: 9.00 – 17.00 Uhr
Fr: 9.00 – 16.00 Uhr (*gebührenfrei in D,A,CH)

Appetit auf mehr?

ISBN 978-3-8338-6625-8

ISBN 978-3-8338-6799-6

ISBN 978-3-8338-6626-5

ISBN 978-3-8338-6629-6

ISBN 978-3-8338-6630-2

ISBN 978-3-8338-6627-2

ISBN 978-3-8338-6628-9

ISBN 978-3-8338-6623-4

ISBN 978-3-8338-6619-7

ISBN 978-3-8338-6618-0

ISBN 978-3-8338-6616-6

ISBN 978-3-8338-6622-7

ISBN 978-3-8338-6624-1

ISBN 978-3-8338-6620-3

ISBN 978-3-8338-6617-3

ISBN 978-3-8338-6621-0

Mehr von GU auf **www.gu.de** und **facebook.com/gu.verlag**

Alle hier vorgestellten Bücher sind auch als eBook erhältlich.

G|U

DIE »GU KOCHEN PLUS«-APP

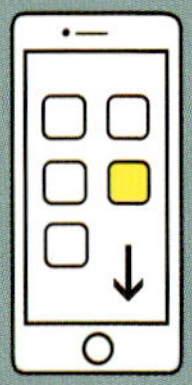

1 APP HERUNTERLADEN

Laden Sie die kostenlose »GU Kochen Plus«-App im Apple App Store oder im Google Play Store auf Ihr Smartphone. Starten Sie die App und wählen Sie Ihren Küchenratgeber aus.

2 REZEPTBILD SCANNEN

Scannen Sie das gewünschte Rezeptbild mit der Kamera Ihres Smartphones. Klicken Sie im Display die Funktion Ihrer Wahl.

3 FUNKTIONEN NUTZEN

Sammeln Sie Ihre Lieblingsrezepte. Speichern und verschicken Sie Ihre Einkaufslisten. Oder nutzen Sie den praktischen Supermarkt-Finder und den Rezept-Planer.